MANIFESTE

SUR LES

SUJETS DE RUPTURE

ENTRE

LA FRANCE ET L'ESPAGNE.

A PARIS,

DE L'IMPRIMERIE ROYALE.

M. DCCXIX.

MANIFESTE

Sur les sujets de Rupture entre la France & l'Espagne.

LES ROIS ne sont comptables de leurs démarches qu'à
Dieu mesme dont ils tiennent leur autorité. Engagez
indispensablement à travailler au bonheur de leurs Peuples, ils ne le font pas à rendre raison des moyens qu'ils
prennent pour y réüssir, Et ils peuvent au gré de leur prudence cacher ou reveler les mysteres de leur Gouvernement. Mais dés qu'il importe à leur gloire & à la tranquillité de leurs peuples, qui n'en peut estre separée, que les
motifs de leurs resolutions soient connus, ils doivent agir à
la face de l'Univers, & faire éclater la justice qu'ils ont
consultée dans le secret.

Sa Majesté conduite par les Conseils du Duc d'Or-
leans Regent, s'est crüe dans cet engagement, Et Elle fait
gloire d'exposer à ses Sujets & à toute la Terre les raisons
qu'Elle a eües d'entrer en de nouvelles liaisons avec plu-

fieurs grandes Puiffances pour la pacification entiere de l'Europe, pour la feûreté particuliere de la France, & pour celle mefme de l'Efpagne, qui méconnoiffant aujourd'huy fes vrais interefts, trouble la tranquillité commune par l'infraction des derniers Traitez.

Sa Majefté n'imputera jamais cette infraction à un Prince, qui recommandable par tant de vertus, l'eft particulierement par la fidelité la plus religieufe à fa parole; Et ce ne peuvent eftre que fes Miniftres qui l'ayant engagé trop legerement, fçavent luy faire de cet engagement mefme une raifon & une neceffité de le foûtenir.

Sa Majefté dans les mefures qu'Elle a prifes, s'eft propofé de fatisfaire également à deux devoirs; à l'amour qu'Elle doit à fon Peuple, en prevenant une Guerre avec tous fes voifins dont il eftoit menacé; Et à l'amitié qu'Elle doit au Roy d'Efpagne, en menageant conftamment fes interefts & fa gloire, qui feront tousjours d'autant plus chers à la France, qu'elle les regarde comme le prix de fes longs travaux & de tout le fang qu'il luy en a coufté pour le maintenir fur fon Thrône.

Ces Intentions de Sa Majefté fe reconnoîtront fenfiblement & fans interruption dans tous les faits qu'on va expofer

On fçait que dans le cours de la derniere Guerre, la France avoit efté reduite par fes difgraces à la dure neceffité de confentir au rappel du Roy d'Efpagne; Et elle en auroit fans doute éprouvé la douleur, fi la Providence qui changea les évenemens & les cœurs, n'eût épargné cette injuftice à nos ennemis.

On reconnut à Utrecht les droits du Roy Catholique; mais l'Empereur, quoy qu'abbandonné de fes Alliez, ne pouvoit encore renoncer à fes pretentions. La prife de Landaw & de Fribourg ne put mefme l'y reduire; Et le feu Roy de glorieufe memoire, qui au milieu de fes derniers fuccés, fentoit l'extrême befoin que fes Peuples avoient de la Paix, ne la conclut qu'aprés avoir fait propofer à l'Empereur dans la Negociation de Raftadt, de travailler à un accommodement entre luy & le Roy d'Efpagne. [a] Il avoit toûjours en veüe d'achever fon ouvrage, & d'étouffer les femences de Guerre que le Traité d'Utrecht avoit laiffées dans l'Europe, en ne reglant que provifionnellement & fans le concours de l'Empereur les interefts de ce Prince & du Roy d'Efpagne.

Le deffein de cimenter la Paix par une conciliation entre ces deux Princes, fut infinué à Bade le [b] 15. Juin 1714. au Comte de Goés, & communiqué le [c] 7. Septembre fuivant au Prince Eugene de Savoye, qui affura que l'Empereur ne s'en éloigneroit pas. Aprés la fignature du Traité de Bade, le Roy chargea le Marefchal de Villars [d] de fuivre avec le Prince Eugene le mefme objet. Et lorfque le Comte du Luc [e] fut nommé pour eftre Ambaffadeur du Roy auprés de l'Empereur, il fut particulierement chargé par fon Inftruction d'agir felon ces veües.

Le Roy d'Efpagne avoit reprefenté fouvent au feu Roy par des Lettres écrites de fa main, que fon eftat n'eftoit point affûré par les Traitez d'Utrecht. *Vous jugerez aifement*, difoit-il dans une de fes Lettres du 16. May 1713. *que la Paix dont tout le monde defire également la folidité, ne peut eftre ftable, fi l'Archiduc qui m'a difputé la Couronne d'Efpagne, ne m'en reconnoît le legitime Roy.*

Vous fçavez, écrit ce Prince dans fa Lettre du 31. Janvier 1714. *que j'ay rempli tous les Preliminaires, & que je fuis preft à confentir que Naples, le Milanez & les Pays-Bas reftent à l'Archiduc, comme je l'ay fait de la Sicile en faveur du Duc de Savoye, de Gibraltar & de l'Ifle de Minorque en faveur des Anglois, & que je fuis auffi preft à le faire de la Sardaigne en faveur de l'Electeur de Baviere. L'Archiduc doit, moyennant ces conditions, renoncer à ce qui me refte de la Mo-*

[a] Inftruction pour les Plenipotentiaires du Congrés de Bade, du 15. Avril 1714.

[b] Lettre des Plenipotentiaires de Bade au Roy, du 15. Juin 1714.

[c] Lettre du Marefchal de Villars au Roy, du 7. Septembre 1714.

[d] Memoire donné de la part du Roy au Marefchal de Villars, le 23. Septembre 1714.

[e] Inftruction pour le Comte du Luc allant à Vienne, du 3. Janvier 1715.

narchie d'Espagne. Ainsi nous n'avons plus, ni luy ni moy, rien à prétendre l'un contre l'autre.

Je me flatte, dit le Roy d'Espagne dans sa Lettre du 17. May 1714. *que connoissant de quelle importance il est de faire départir l'Archiduc de toutes prétentions sur l'Espagne & les Indes, vous me mettrez en estat d'establir des conditions solides pour en joüir paisiblement.*

Ce Prince ne se croyoit affermi sur le Thrône d'Espagne & des Indes, que par la Renonciation solemnelle de l'Empereur à ses prétentions ; Et il n'insistoit si vivement sur cette seûreté, que parce qu'il en avoit reconnu l'importance par les extremitez où l'avoient reduit les Evenemens de la Guerre excitée par les prétentions de l'Empereur. C'estoit aussi tout ce qu'il demandoit au feu Roy, comme le Gage le plus sensible de son amitié Paternelle, & comme le dernier effort dont il devoit couronner tout ce que la France avoit fait pour ses interets. Le feu Roy travailloit avec toute la vivacité d'un Pere à la satisfaction de son petit-Fils. Mais comme l'Empereur paroissoit inébranlable, & que d'ailleurs un reste de défiance répandu dans l'Europe ; une opinion generale que la Paix ne pouvoit pas durer, & qui retenoit encore la plufpart des Puissances armées ; la Guerre du Nord, & les changemens arrivez dans la grande Bretagne, faisoient craindre que le feu ne se rallumât bien-tost ; il falloit prendre encore de nouvelles mesures pour le prevenir.

C'est dans ces conjonctures que le feu Roy fut enlevé à la France. Sa Majesté n'oubliera jamais ces avis si importans & si salutaires qu'il luy donna dans les derniers momens de sa vie. Elle en veut faire la regle invariable de son Regne, Et l'on va voir qu'Elle y a mesuré jusqu'icy toutes ses demarches.

Les longues Guerres avoient laissé contre nous dans l'Europe des restes d'alienation & de haine qui ne cherchoient qu'à se ranimer ; Et nos Voisins encore pleins de la jalousie

& des frayeurs qu'ils avoient eûës si souvent de nos prospe-
ritez, & mesme de nos ressources dans nos plus grandes difgraces, songeoient déja, pour achever de nous abattre, à
profiter de la minorité du Roy, & de l'épuisement du Royaume dont nous nous plaignions nous-mesmes assez hautement,
pour inviter nos Ennemis à tout entreprendre. L'ancienne
Ligue menaçoit de se rejoindre, & les Nations s'excitoient
mutuellement à la Guerre par l'importance de se mettre
pour toûjours à couvert d'une Puissance trop redoutable,
& qu'on s'efforçoit encore de rendre odieuse par des repro-
ches injustes de sa mauvaise foy.

Quel moyen plus seur pour dissiper cet orage, que de
s'unir avec la Puissance qui de concert avec nous avoit
rappellé la Paix par les Traitez d'Utrecht ? Le Roy ne negli-
gea rien pour réüssir dans cette veüe. La confiance se resta-
blit par ses soins entre les deux Puissances; Et Elles com-
prirent aussi tost que rien ne contribueroit davantage a con-
firmer une Paix encore mal assûrée, qu'une Alliance de-
fensive entre la France, l'Angleterre & la Republique des
Provinces-Unies, pour maintenir les Traitez d'Utrecht &
de Bade, & pour la garantie reciproque de leurs Estats.
Mais avant toute ouverture de Negociation, Sa Majesté
donna avis de son dessein au Roy d'Espagne. Le Duc de
S[t]. Aignan eut des ordres precis au mois d'Avril 1716. de
lui exposer ses veüës, de luy offrir tous ses soins & de l'inviter à entrer dans l'Alliance où Elle se promettoit qu'il seroit receû avec tous les égards qu'il pourroit souhaiter.

Aprés bien des instances éludées, le Duc de St Aignan
sur un nouveau Memoire qu'il presenta, reçût enfin du
Cardinal Del Giudice une reponse dictée dans l'interieur du
Palais par un autre Ministre dés lors tout puissant, & dont
il ne fut dans cette occasion que l'interprete. Cette reponse portoit: *Le Roy mon Maître ayant examiné l'Extrait qui
luy a esté remis, & les derniers Traitez signez à Utrecht, n'y*

a trouvé aucune clause qui ait besoin d'estre confirmée.

Quelle étrange opposition de cette réponse avec les Lettres que le Roy d'Espagne écrivoit au feu Roy, & qui n'estoient qu'une representation continuelle & inquiete de l'incertitude de son estat! Sa Majesté vit bien que les principes de conciliation & de paix qui la faisoient agir, n'estoient pas ceux que l'on consultoit à Madrid, Et cette idée n'estoit que trop confirmée par le trouble que le Commerce des François souffroit déja en Espagne, par les avis des liaisons qu'on y menageoit avec quelques Puissances, sous pretexte d'une mesintelligence prochaine entre les deux Nations, & par les oppositions secretes que l'Espagne apportoit à nostre Alliance avec le Roy de la Grande Bretagne & les Estats Generaux.

Le Roy prit cependant le parti de dissimuler. Il ne laissa pas affoiblir son amitié ni ses égards pour le Roy d'Espagne, Et attendant patiemment le moment où il seroit mieux éclairé sur ses veritables avantages, il luy fit dire que ne pouvant plus se dispenser d'achever son projet d'Alliance, il l'assûroit qu'il n'y consentiroit à rien qui fût contre ses interests.

L'Abbé Dubois fut envoyé alors à Hannovre pour y traiter cette affaire avec le Roy de la Grande Bretagne ; Et c'est-là que furent arrestez les Articles qui ont servi de fondement au Traité de la Triple Alliance, signé à la Haye le 4. Janvier 1717. aprés que le Roy de la Grande Bretagne luy-mesme en eut donné part inutilement au Roy d'Espagne, & qu'il se fut assûré de la repugnance invincible du Ministre à tout projet d'union.

Mais quelque favorable que fût cette Alliance au repos public, elle ne suppleoit point ce qui manquoit à la perfection des Traitez d'Utrecht & de Bade, parce que les differens entre l'Empereur & le Roy d'Espagne n'y ayant pas esté reglez, l'Europe estoit toûjours dans l'incertitude de sa

situation,

fituation, & en danger d'eftre replongée dans la Guerre par la premiere hoftilité de part ou d'autre. L'Italie feule pouvoit fe flater de quelque repos à la faveur de la Neutralité qui y avoit efté eftablie par des Traitez & des Engagemens qu'on regardoit comme un premier pas & un degré qui pouvoit conduire à la Paix. Mais quoyque la Neutralité fût veritablement une Loy à laquelle chacun de ces deux Princes s'eftoit foumis, le bien de l'Europe en vouloit une plus fûre & plus folemnelle qui fût autorifée par le confentement reciproque des deux Concurrens, & maintenuë par des garants tels qu'on ne pût pas l'enfraindre impunement. Une telle Loy ne pouvoit eftre qu'un Traité de Paix qui terminât à jamais les conteftations entre l'Empereur & le Roy d'Efpagne.

Le Roy de la Grande Bretagne voulut tenter de procurer un fi grand bien à l'Europe, & s'en ouvrit à Sa Majefté. Elle vit avec plaifir les intentions du feu Roy revivre; Et Elle crut que c'eftoit agir pour un Prince auquel Elle eft eftroitement unie par les liens du fang, que de favorifer l'Execution de tout ce que la tendreffe paternelle avoit projetté pour luy, Et de tout ce qu'il avoit demandé luy-mefme fi pofitivement & fi inftamment. Mais Sa Majefté qui avoit déja éprouvé en differentes occafions, que ce qui pouvoit convaincre le Roy d'Efpagne de fon amitié, ne trouvoit plus le mefme accés auprés de luy, n'en put plus douter lorfqu'Elle vit que le Marquis de Louville qu'Elle avoit envoyé au Roy d'Efpagne pour luy faire connoiftre fes veritables fentimens & luy communiquer des chofes importantes aux deux Couronnes, avoit efté renvoyé fans eftre écouté, malgré l'attachement particulier qu'il avoit à la perfonne & à la gloire de ce Prince. Ainfi trop inftruite par l'experience, qu'on rendroit fufpect à Madrid tout ce qui viendroit de fa part, Elle pria le Roy de la Grande Bretagne d'agir luy-mefme à Vienne & à Ma-

drid pour le fuccés de ce grand deffein, d'autant plus qu'Elle n'eftoit point autorifée à traiter des interefts du Roy
d'Efpagne, Et qu'il convenoit d'ailleurs à la dignité d'un fi
grand Prince de les difcuter luy-mefme.

Le Roy de la grande Bretagne fit en mefme temps les
ouvertures de fes veües à Vienne & à Madrid. Elles furent
reçeües affez favorablement à Madrid, tant que la feinte
fervit à cacher les entreprifes qu'on y meditoit, Et rejettées
enfuite avec peu de menagement dés qu'on crut avoir
moins d'intereft de feindre. On ne trouva à Vienne de dif-
pofitions à aucun accommodement, qu'à condition que la
Sicile, qui avoit efté jufqu'alors un obftacle infurmontable
à toutes les propofitions de conciliation, feroit remife à
l'Empereur, parce qu'il la jugeoit abfolument neceffaire à
la confervation du Royaume de Naples. Mais à ce prix on
efperoit que le Roy Catholique feroit reconnu par l'Empereur, legitime poffeffeur de l'Efpagne & des Indes; Et de
plus, ce qui eftoit pour luy un avantage nouveau, que l'Empereur confentiroit que les fucceffions de Parme & de Plai-
fance fuffent affûrées aux Enfans de la Reine d'Efpagne.

Les difficultez de cette Negociation ne devoient point
nuire à la Neutralité d'Italie eftablie par le Traité d'U-
trecht du 14. Mars 1713. renouvellée & confirmée par
celuy de Bade. L'Empereur & le Roy d'Efpagne paroif-
foient eux-mefmes avoir pris des precautions pour s'affûrer
qu'elle ne feroit pas interrompüe. Le Roy d'Efpagne avoit
eu foin avant la Guerre de Hongrie, de faire fouvenir le
Roy de la Grande Bretagne qu'il eftoit garant des engagemens pris à Utrecht pour la Neutralité d'Italie; Et l'Empereur de fon cofté, lorfque les Turcs fe mirent en Campa-
gne, avoit engagé le Pape à demander au Roy d'Efpagne
une parole pofitive qu'il ne profiteroit pas contre l'Empereur, de la Guerre que les Turcs venoient de luy declarer.
L'Intereft du Roy d'Efpagne fe trouvoit conforme à cette

promeſſe; car il avoit eſté inſtruit par le Roy de la Grande Bretagne du Traité conclu à Londres le 25. May 1716. entre l'Empereur & ce Prince, portant une garantie des Eſtats de l'Empereur en Italie, Et une promeſſe expreſſe de luy donner des ſecours, en cas qu'il fuſſent attaquez. Enfin la pieté ſi connuë du Roy d'Eſpagne raſſûroit encore plus que ſon intereſt.

On ne pouvoit donc ſoupçonner que le Roy d'Eſpagne, parfaitement inſtruit du Traité de 1716. voulût courir les riſques de l'engagement du Roy de la Grande Bretagne, en attaquant l'Empereur en Italie; Et manquer tout à la fois à ſon intereſt & à ſon zele pour la Religion. Cependant cette Entrepriſe éclata, & l'on apprit qu'un Armement fait des fonds levez ſur les Biens Eccleſiaſtiques & deſtinez pour ſoûtenir la gloire du nom Chreſtien, alloit ſervir a violer les Traitez. Il ne faut pas de plus grande preuve, que les mauvais conſeils & la trop grande puiſſance du Miniſtre prevalent en Eſpagne ſur les intentions & les vertus de ſon Roy.

Sa Majeſté allarmée d'une demarche ſi dangereuſe, envoya auſſi-toſt un exprés au Duc de S.t Aignan, qu'Elle chargea de repreſenter vivement au Roy d'Eſpagne les dangers où il s'expoſoit, Et, ce qui devoit faire plus d'impreſſion ſur luy, l'injuſtice de ſon entrepriſe. Elle le prioit pour la tranquillité commune de l'Europe & pour ſes intereſts perſonnels, de rentrer dans ces veües de conciliation, que le feu Roy ſon grand-Pere, & aprés luy le Roy de la Grande Bretagne avoient déja projettées entre luy & l'Empereur. Quelques jours aprés Elle ordonna encore au Duc de S.t Aignan d'agir de concert avec le Miniſtre d'Angleterre qui avoit receû les meſmes ordres, pour engager le Roy d'Eſpagne à autoriſer ſon Ambaſſadeur à Londres, ou à y faire paſſer un autre Miniſtre qui traitât des moyens de reſtablir ſolidement la Paix. Le Colonel Stanhope venoit d'arriver à Madrid, chargé plus particulierement des meſmes inſtances.

Le Roy de Grande Bretagne fit fçavoir en mefme temps à Sa Majefté que comme le mal preffoit, il ne falloit pas perdre le temps des remedes ; qu'ils ne pouvoient naitre que du concert unanime des Puiffances impartiales, Et qu'il la prioit d'envoyer un Ambaffadeur à Londres où fur fes inftances l'Empereur avoit auffi confenti d'envoyer un Miniftre. Sa Majefté y envoya l'Abbé Dubois; Et attentive aux interefts du Roy d'Efpagne, auffi-bien qu'à ceux de fon Royaume, Elle crut qu'Elle devoit avoir dans les Conferences de Londres un Miniftre qui pût conferver au Roy d'Efpagne des ouvertures pour entrer dans la Negociation, dés qu'on pourroit l'éclairer fur fes interets. Mais en vain luy a-t'on fait là-deffus des inftances redoublées. En vain luy a-t-on fait efperer d'obtenir pour luy de l'Empereur ce qu'il avoit fi fouvent demandé luy-mefme. On n'a reçeu de fon Miniftre que des refus opiniâtres, & fouvent mefme des menaces d'allumer par tout le feu de la Guerre, malgré toutes les mefures que l'on croiroit prendre pour le prevenir. L'Efpagne fembloit regarder comme une confpiration contre Elle ces fentimens unanimes de Paix où entroient les autres Puiffances.

C'eft fur ces refus & fur ces deffeins menaçans de l'Efpagne, que le Roy de la Grande Bretagne fit reprefenter à Sa Majefté qu'il eftoit abfolument neceffaire d'en arrefter les effets; Et qu'il ne s'en offroit d'autre moyen à la prudence des Puiffances impartiales, que de former, pour concilier les interefts des deux Princes, un plan qui pût leur eftre propofé, & procurer a quelque prix que ce fût, leur propre tranquillité & celle de toute l'Europe. Cette refolution favorifant d'un cofté l'affermiffement de la Paix, qui eftoit l'objet invariable de Sa Majefté, Et donnant de l'autre au Roy d'Efpagne le temps & les moyens de prendre des refolutions conformes à fes interefts, le Roy l'embraffa. Mais en ordonnant à l'Abbé Dubois d'entrer dans un Projet fi neceffaire, Sa Majefté ne luy recommanda rien tant que de rejetter toûjours tout ce qui pourroit fufpendre ou éloigner le concours du Roy d'Efpagne dans cette Negociation. Quels combats le Roy de la Grande Bretagne n'eut-il pas à effuyer avec l'Empereur, pour ébranler fon attachement aux pretentions fur l'Efpagne & fur les Indes, pour vaincre fa repugnance à voir paffer un jour les Eftats de Parme & de Tofcane entre les mains d'un Prince de la Maifon d'Efpagne, Et pour amortir fon reffentiment de l'infraction des Traitez dont il fe croyoit en droit de tirer vengeance ! Ce ne fut qu'avec une peine infinie, qu'on vint à bout pied à pied de ces obftacles, Et qu'on menagea encore au Roy d'Efpagne des avantages plus grands que ceux que luy donnoient les Traitez d'Utrecht, & par confequent, comme on l'a vû par fes Lettres, au delà mefme de fes defirs

Ainfi fe forma à Londres le Projet des conditions qui devoient fervir de fondement à une Paix folide entre l'Empereur & le Roy d'Efpagne. La parfaite amitié de Sa Majefté pour ce Prince s'eftoit toûjours fignalée par les inftances qu'Elle luy avoit faites fans interruption, d'envoyer des Miniftres qui difcutaffent fes interefts, par les moyens qu'Elle luy avoit menagez fans relafche d'entrer dans la Negociation, Et par fes efforts conftans à luy procurer de nouveaux avantages dans le Traité mefme. Mais non contente de ces demarches, Elle porta encore plus loin l'attention & les égards. Elle envoya le Marquis de Nancré auprés du Roy d'Efpagne pour luy faire part du Projet de Londres, tandis que le Roy de la Grande Bretagne faifoit la mefme demarche auprés de l'Empereur.

Sa Majefté dans les cinq premiers mois du fejour du Marquis de Nancré à Madrid, reprefentoit fans ceffe au Roy d'Efpagne qu'il y alloit également de fon intereft & de fa gloire d'abandonner une entreprife injufte, & d'adopter des conditions qu'il avoit, pour ainfi dire, dictées luy-mefme par fes inftances au feu Roy. Enfin, & Elle fait gloire de le dire, Elle luy demandoit la Paix de l'Europe au nom de la France qui l'avoit maintenu sur son Thrône par tant de travaux & tant de sang, Et au nom de ses propres Sujets dont le zele & l'attachement, peut estre sans exemple, meritoient bien de leur Prince qu'il ne les livrât pas aux horreurs de la Guerre.

Toutes ces instances fondées sur les conditions sages du Projet, n'arracherent jamais du Ministre d'Espagne, qu'un aveu du peril où Elle alloit s'exposer en resistant à tant de Puissances. Mais il assûroit en mesme temps que son Maistre ne se desisteroit jamais de son entreprise, Et il n'avoit pas honte de rejetter sur luy le blasme de sa propre inflexibilité. Enfin Sa Majesté luy fit dire au mois de Juin dernier, que l'amour qu'Elle doit à ses Peuples, & qui doit prevaloir à tout autre sentiment, luy deffendoit de differer davantage à signer le Traité avec l'Empereur & le Roy de la Grande Bretagne. On ajoûtoit l'engagement mesme où estoit le Roy de la Grande Bretagne d'envoyer une Escadre dans la Mediterranée pour secourir l'Empereur. Rien n'ébranla le Ministre qui s'irritoit de plus en plus par les instances de Paix, Et qui menaçoit de mettre en feu toute l'Europe. Enfin le Chevalier Byng qui commandoit les forces Navales du Roy de la Grande Bretagne destinées pour la Mediterranée, avant que d'entrer dans cette Mer, donna avis au Ministre d'Espagne des ordres précis qu'il avoit d'agir comme ami, si l'Espagne se desistoit de ses entreprises contre la Neutralité de l'Italie, ou si Elle les suspendoit; Et de s'y opposer aussi de toutes ses forces, si Elle y persistoit; Et le Ministre ne laissant plus aucune esperance, luy répondit qu'il n'avoit qu'à executer les ordres dont il estoit chargé.

La Guerre finissoit alors entre l'Empereur & les Turcs, Et les ordres estoient déja donnez pour faire passer de nombreuses Troupes en Italie. Sa Majesté forcée enfin par les circonstances, n'hésita plus à convenir avec le Roy de la Grande

Bretagne des conditions qui ferviroient de bafe à la Paix entre l'Empereur & le Roy d'Efpagne, Et entre le premier de ces deux Princes & le Roy de Sicile; Et ce furent ces mefmes conditions qui formerent le Traité figné à Londres le 2. Aouft dernier, entre les Miniftres du Roy, de l'Empereur & du Roy de la Grande Bretagne.

Mais le Roy de la Grande Bretagne toûjours conduit par un efprit de conciliation & de paix, Et voulant prevenir auffi la mefintelligence qui pourroit naître entre fa Couronne & l'Efpagne à l'occafion des fecours qu'il eftoit obligé de donner à l'Empereur, crut encore devoir faire un dernier effort auprés du Roy d'Efpagne. Il envoya le Comte de Stanhope l'un de fes principaux Miniftres à Sa Majefté, pour paffer enfuite à Madrid, fi Elle le jugeoit à propos.

Ce fut pendant fon féjour à Paris, qu'on apprit la nouvelle de l'invafion de la Sicile par les Troupes du Roy d'Efpagne; ce qui hafta encore le voyage du Comte de Stanhope à Madrid. Il y arriva les premiers jours du mois d'Aouft dernier, Et le Marquis de Nancré reçût de nouveaux ordres pour agir de concert avec luy. Mais les vives reprefentations qu'ils redoublerent l'un & l'autre fur les extremitez où l'inflexibilité du Roy Catholique pouvoit porter les chofes; l'affurance qu'on luy donnoit pour toutes fes poffeffions par la Renonciation de l'Empereur, & par la garentie des Puiffances Contractantes; la promeffe que Sa Majefté luy procureroit la reftitution de Gibraltar qui intereffe par un endroit fi fenfible toute la Nation Efpagnole, & que fon Roy defiroit ardemment depuis long-temps; Enfin la declaration des engagemens pris à Londres, Et celle de la neceffité où Sa Majefté & le Roy de la Grande Bretagne fe trouvoient de les executer immediatement aprés l'expiration des trois mois, du jour de la fignature des Traitez de Londres; tout fut abfolument inutile. Le Comte de Stanhope partit de Madrid, avec la douleur de voir que les offices & les foins de

Lettre du Roy d'Efpagne au feu Roy du 22. Avril 1712.

fon Maiftre pour prevenir une declaration contre l'Efpagne, n'avoient eu aucun effet. Mais il eut au moins cette confolation, que l'on n'avoit rien épargné pour vaincre l'obftination du Miniftre, qui feule eftoit la caufe de la rupture & des maux qui la fuivroient. Cependant le Marquis de Nancré eut ordre de demeurer, parce que le Roy vouloit bien fe prefter encore aux plus legeres efperances que le Miniftre avoit l'art d'entretenir pour gagner du temps. Mais Sa Majefté reconnut enfin l'inutilité de fa condefcendance. Elle fut peu de jours aprés inftruite des violences exercées fur les perfonnes & fur les effets des Anglois en Efpagne, au prejudice du XVIII. Article des Traitez d'Utrecht entre l'Efpagne & l'Angleterre, qui fixe un terme de fix mois pour retirer les perfonnes & les effets de part & d'autre en cas de rupture.

Le Marquis de Nancré eftant parti de la Cour d'Efpagne, Sa Majefté, pour fatisfaire au Traité de Londres, ordonna au Duc de S.ᵗ Aignan de porter des plaintes de la violence exercée contre les Anglois, Et Elle luy prefcrivit de declarer que le terme de trois mois laiffé au Roy d'Efpagne pour accepter les conditions qui luy ont efté refervées, devant expirer le 2. de Novembre, il ne pouvoit s'empefcher de demander à ce Prince une reponfe decifive; Et le Roy d'Efpagne ayant perfifté dans fon refus, il a pris fon audience de congé.

On n'a parlé jufqu'icy qu'en general, des conditions refervées au Roy d'Efpagne; mais il faut les expofer plus precifement pour en faire fentir d'autant mieux, non feulement l'avantage commun, mais encore l'avantage particulier de ce Prince.

1. L'Empereur renonce formellement tant pour luy que pour fes heritiers, defcendans & fucceffeurs mafles & femelles à la Monarchie d'Efpagne & des Indes, Et à tous les Eftats dont le Roy Catholique a efté reconnu legitime poffeffeur par les Traitez d'Utrecht; Et il s'engage de fournir

dans

dans la meilleure forme les Actes de Renonciation necef-
faires.

2. Les fucceſſions aux Eſtats du Duc de Parme & du
Grand Duc de Toſcane pouvant exciter de grandes conteſta-
tions & une nouvelle Guerre en Italie, parce que la Reine
d'Eſpagne pretend y eſtre appellée par ſa naiſſance, Et que
l'Empereur ſoutient que le droit d'en diſpoſer au deſfaut
d'heritiers maſles, luy appartient & à l'Empire; Il a eſté ſtipulé que ces fucceſſions venant à vaquer par la mort des
Princes poſſeſſeurs ſans heritiers maſles, le fils de la Reine &
ſes deſcendans maſles, & à leur deffaut le ſecond fils & les
autres cadets de ladite Reine avec leurs deſcendans maſles
ſuccederont dans tous leſdits Eſtats qui ſeront reconnus fiefs
maſculins mouvans de l'Empire, Et qu'il en ſera donné au
fils de la Reine qui devra ſucceder, des Lettres d'Expecta-
tive contenant l'Inveſtiture éventuelle. Et pour ſûreté de
l'execution de cette diſpoſition, il doit eſtre eſtabli par les
Cantons Suiſſes, des Garniſons dans les principales Places
de ces deux Eſtats, ſçavoir à Livourne, à Portoferraïo, à Parme & à Plaiſance, à la ſolde des Mediateurs, avec ſerment
de les garder & deffendre ſous l'autorité des Princes regnans,
Et de ne les remettre qu'au Prince fils de la Reine d'Eſpagne
lorſque ces fucceſſions ſeront ouvertes.

3. Il a eſté ſtipulé que jamais, ni en aucun cas l'Empereur,
ni aucun Prince de la Maiſon d'Autriche qui poſſedera les
Royaumes, Provinces & Eſtats d'Italie, ne pourra s'appro-
prier les Eſtats de Toſcane & de Parme.

4. Comme il n'a pas eſté poſſible d'engager l'Empereur
à ſe deſiſter des pretentions qu'il a toûjours conſervées ſur
la Sicile, il a eſté reglé qu'Elle ſeroit cedée à ce Prince, qui
de ſa part cederoit au Roy de Sicile par forme d'équivalent
le Royaume de Sardaigne, en reſervant au Roy d'Eſpagne
ſur ce meſme Royaume le droit de reverſion à ſa Couronne, qu'il s'eſtoit reſervé ſur la Sicile par l'Acte de ceſſion

qu'il en avoit faite en confequence des Traitez d'Utrecht.

5. On a laiffé au Roy d'Efpagne un terme de trois mois, du jour de la Signature du Traite, pour accepter les conditions qui luy ont efté offertes, que toutes les Parties Contractantes garentiffent & s'engagent à faire executer.

6. Comme il ne feroit pas jufte que la Paix de l'Europe dependît de l'opiniaftreté ou des veües particulieres d'une ou de deux feules Puiffances, Et que l'Empereur n'auroit pas pû fe porter à delivrer fa Renonciation avant que le Roy d'Efpagne eût accedé au Traité, fi on ne luy avoit donné d'ailleurs quelqu'autre fureté; Les Parties Contractantes font convenuës de joindre leurs forces pour obliger le Prince refufant à l'acceptation de la Paix, conformement à ce qui a efté fouvent pratiqué pour le repos public dans des occafions importantes.

7. On eft convenu expreffément, que fi les Puiffances Contractantes eftoient obligées d'en venir aux voyes de fait contre celuy qui refuferoit d'accepter l'accommodement propofé, l'Empereur fe contenteroit des avantages ftipulez pour luy dans le Traité, quelque fuccés que puffent avoir fes Armes.

8. Enfin le Roy s'eft engagé d'obtenir pour le Roy d'Efpagne la reftitution de Gibraltar.

Voilà ces conditions que le Miniftre d'Efpagne rejette avec tant de hauteur. Elles font cependant fi convenables à la tranquillité generale, que le Roy de Sicile, qui par l'inégalité de la Sicile à la Sardaigne, eft le feul qui paroiffe y perdre, vient d'accepter le Traité.

L'expofé fimple & fincere de ces faits fuffit pour faire juger quel parti la France a dû prendre dans les conjonctures où Elle s'eft trouvée.

Le Roy d'Efpagne attaque la Sardaigne, & prend autant de foin de cacher fon deffein au Roy, qu'à l'Empereur. Depuis cette infraction des Traitez, & après la declaration

de l'Empereur qu'il donnoit les mains à un accommodement, que pouvoit faire Sa Majesté!

En demeurant Neutre, Elle auroit également meconten-
té & aliené l'Empereur & le Roy d'Espagne; Et dans le pro-
grés de la Guerre, une Puissance aussi considerable que la
France, n'auroit pû soûtenir un personnage indifferent.

Si Elle s'estoit jointe à l'Espagne; Comme Sa Majesté
auroit violé le Traité de Bade, l'Empereur estoit en droit
de luy declarer la Guerre, & Elle auroit eû à la soutenir
en Italie, sur le Rhein & dans les Pays-Bas. De plus l'Empereur auroit armé contre Elle tous ses Alliez, ou plustost
l'Europe entiere qui auroit esté allarmée de l'union des forces de la France & de l'Espagne. La France se trouvoit
donc replongée dans les horreurs d'une Guerre generale.

Si le Roy n'avoit eû d'autre moyen pour prevenir ces malheurs, que de se lier avec l'ennemi du Roy d'Espagne pour
exercer contre luy les plus grandes rigueurs; Ce moyen tout
douloureux qu'il auroit esté pour Sa Majesté, n'en auroit
pas esté moins juste ni moins necessaire. Le salut des peuples,
qui seul doit commander aux Souverains, l'auroit contraint
de l'embrasser, Et l'exemple du feu Roy luy-mesme qui
avoit fait ceder toute la tendresse paternelle à ce devoir,
deffendoit assez à son successeur de le sacrifier aux droits du
Sang. Mais combien le parti que le Roy a pris, est-il diffe-
rent! Il se lie avec l'Empereur, mais c'est en offrant en
mesme temps au Roy d'Espagne cet ennemi mesme & le
reste des plus grandes Puissances de l'Europe pour Alliez,
dans le moment qu'il voudra les accepter; C'est en l'affer-
missant sur son Thrône dont la possession luy devient incon-
testable; C'est en luy procurant tout ce qu'il a jamais desi-
ré, & plus qu'il n'esperoit, Et à l'Europe une tranquillité du-
rable & solide.

La nouvelle entreprise du Roy d'Espagne sur la Sicile a
fait voir, que quand mesme on se seroit borné à ne vouloir

rétablir que la Neutralité en Italie, il n'y auroit pas confenti; Et qu'on auroit eû autant de peine à faire reftituer la Sardaigne à l'Empereur, que l'on en peut avoir à faire exe-cuter le Traité en entier. Qu'auroit-on fait enfin par le fuccés mefme qui n'auroit point ancanti les pretentions de l'Empereur fur la Sicile, que de fufpendre quelque temps fes entreprifes!

Sa Majefté n'avoit donc d'autre refſource pour prevenir la Guerre, que de fuivre le projet d'accommodement entre l'Empereur & le Roy d'Efpagne, Et de donner par là le repos à la France, à l'Italie, à l'Europe, fans qu'il en couf-tât à la France, que des offices honorables; Et à l'Italie, que l'avantage que donne à l'Empereur l'echange de la Sicile pour la Sardaigne, qui eft contrebalancé par les bor-nes que l'Empereur s'eft prefcrites dans le Traité, Et par l'engagement que les principales Puiſſances de l'Europe y ont pris de garentir les poſſeſſions des autres Princes d'Ita-lie en l'eftat où elles font.

Ainfi loin que l'Efpagne ait à fe plaindre du Roy qui entreprend aujourd'huy la Guerre la plus jufte en évitant la plus perilleufe & la plus ruineufe pour fes Sujets; C'eft le Roy mefme qui fe plaint avec juftice à l'Efpagne de l'avoir re-duit à cette extremité en refufant obftinément la Paix fous des pretextes fi frivoles, qu'on n'a pas pû jufqu'icy les com-prendre.

Tantoft c'eftoit un point d'honneur, fondé fur ce que les Succeſſions de Parme & de Tofcane eftoient accordées feu-lement comme Fiefs de l'Empire. Mais comment croire que le Roy d'Efpagne fût bleſſé pour un Prince de fa Mai-fon, d'une condition qu'ont reçeüë & mefme recherchée tant de Rois d'Efpagne & de France, Et en dernier lieu le feu Roy fon glorieux Aycul, Et le Roy d'Efpagne luy-mefme !

Tantoft c'eftoit l'inégalité de la reverfion de la Sardaigne avec celle de la Sicile. Mais un defavantage fi leger, fi incertain, fi éloigné pouvoit-il eftre mis en balance avec tant d'avantages prefens & folides! Enfin, ce qui eft decifif, on ne pouvoit obtenir qu'à ce prix la Renonciation de l'Empereur à l'Efpagne & aux Indes. Pouvoit-on commettre la feûreté de l'Eftat du Roy d'Efpagne à de fi petites difficultez, Et un fi grand intereft ne faifoit-il pas difparoître tous les autres!

Tantoft c'eftoit le pretexte d'un equilibre abfolument neceffaire en Italie, & qu'on alloit renverfer en ajouftant la Sicile aux autres Eftats que l'Empereur y poffede. Mais le defir d'un equilibre plus parfait meritoit-il qu'on replongeât les Peuples dans les horreurs d'une Guerre dont ils ont tant de peine à fe remettre! Cet équilibre mefme qu'on regrette en apparence, n'eft-il pas affuré fuffifamment, & plus parfaitement peut-eftre, que fi la Sicile eftoit demeurée dans la Maifon de Savoye! L'Etabliffement d'un Prince de la Maifon d'Efpagne au milieu des Eftats d'Italie, les bornes que l'Empereur s'eft prefcrites par le Traité, la garantie de tant de Puiffances, l'intereft invariable de la France, de l'Efpagne & de la Grande Bretagne, foûtenu de leurs forces Maritimes, tant de fûretez laiffent-elles regretter un autre equilibre! Si lors de la Paix d'Utrecht les Armes Imperiales avoient occupé la Sicile, comme elles occupoient le Royaume de Naples, le Roy d'Efpagne n'auroit pas fait difficulté de confentir à cette difpofition; Et le Miniftre d'Efpagne luy-mefme n'a pas fait difficulté de dire, que le Roy fon Maiftre n'avoit jamais compté de garder la Sicile, Et que s'il en faifoit la Conquefte, il feroit porté, puifque toute l'Europe le vouloit ainfi, à la remettre mefme à l'Empereur.

Les vrais motifs de ce refus, jufqu'à prefent impenetrables, viennent enfin d'éclater. Les Lettres de l'Ambaffadeur d'Efpagne au Cardinal Alberoni ont levé le voile qui les

Lettre du Marquis de Nancre du 26. Septembre 1718.

couvroit, Et l'on apperçoit avec horreur ce qui rendoit le Miniſtre d'Eſpagne inacceſſible à tout projet de Paix. Il auroit vû avorter par là ces complots odieux qu'il tramoit contre nous. Il eût perdu toute eſperance de deſoler ce Royaume, de ſoulever la France contre la France, d'y menager des rebelles dans tous les ordres de l'Eſtat, de ſouffler la guerre civile dans le ſein de nos Provinces, & d'eſtre enfin pour Nous le fleau du Ciel en faiſant éclater ces projets ſeditieux, & joüer cette Mine qui devoit, ſelon les termes des Lettres de l'Ambaſſadeur, ſervir de prelude à l'incendie. Quelle recompenſe pour la France des threſors qu'elle a prodiguez, & du ſang qu'elle a repandu pour l'Eſpagne !

La Providence a éloigné de Nous ces malheurs, Et tous les François, à la veüe de la trahiſon qui Nous les preparoit, en attendent & en preſſent la vengeance. Mais Sa Majeſté n'épouſe que les intereſts de ſon Peuple, & non pas ſes paſſions. Elle ne prend aujourd'huy les armes que pour obtenir la Paix, ſans rien perdre de ſon amitié pour un Prince qui a ſans doute horreur des perfidies qu'on a tramées ſous ſon nom. Heureux ſi ſes vertus l'avoient mis à couvert des ſurpriſes de ſon Miniſtre, Et ſi, faiſant taire à jamais les mauvais conſeils, il n'écoutoit plus que ſa parole, ſa Juſtice & ſa Religion qui le ſollicitent toutes à la Paix !

DEpuis que ce Manifeste a esté imprimé, on a eû un Billet du Cardinal Alberoni au Prince de Cellamare, qui estoit dans un paquet de Lettres datées du 14. Decembre, porté par un Exprés que l'on a aresté à Bordeaux, & qui par conséquent a esté écrit avant que ce Cardinal ait eû connoissance de ce qui s'est passé icy le 9. à l'égard de l'Ambassadeur d'Espagne. Cette depesche regarde la violence exercée contre le Duc de S.t Aignan à qui on a envoyé des Gardes du Corps du Roy d'Espagne le 13. de ce mois de Decembre, pour le faire sortir de Madrid par force.

On verra par les ordres que le Cardinal Alberoni donne au Prince de Cellamare, quelles estoient ses intentions, & combien on a esté heureux de les decouvrir.

Billet du Cardinal Alberoni au Prince de Cellamare, joint à une de ses Lettres, à cet Ambassadeur, du 14. Decembre 1718.

QUALQUIER notizia que llegàre de lo executado con el Duque de S.t Aignan, no deve en manera alguna servir de exemplo para con V. Ex.a Con este ha sido forzoso dar tal paso por haverse despedido, porque quedava sin caracter, y por su mala conducta. V. E. continuara firme en Paris, y solo saldra

QUELQU'AVIS que l'on reçoive de ce qui s'est passé à l'égard du Duc de S.t Aignan, ce ne doit en aucune maniere estre un exemple pour en user de mesme envers V. Ex.ce Il a esté necessaire avec luy de prendre ce parti, parce qu'il avoit pris congé, parce qu'il n'avoit plus de Caractere, & à cause de sa mau

en caſo de que le obliguen con la forza, en cuyo caſo ſera preciſo ceder, precediendo antes las devidas proteſtas al Rey X.^{mo}, al Parlamiento, y a todos los demas que conviene, ſobre la violencia que executa el govierno de Francia contra la perſona y repreſentacion de V. E.

vaiſe conduite. V. Ex.^{ce} continüera d'eſtre ferme à demeurer à Paris, & Elle n'en ſortira que lors qu'Elle y ſera contrainte par la force. En ce cas il faudra ceder, en faiſant auparavant les proteſtations requiſes au Roy trés Chreſtien, au Parlement & à tous les autres qu'il conviendra, ſur la violence que le gouvernement de France exerce contre la perſonne & le Caractcre de V. Ex.^{ce}

En caſo de haver de ſalir, pegará antes fuego a todas las Minas.

Suppoſé qu'Elle ſoit obligée de partir, Elle mettra auparavant le feu à toutes les Mines.

9 782329 294124